日大式で差がつく！

陸上競技
投てき種目
トレーニング

～砲丸投げ・やり投げ・円盤投げ・ハンマー投げ～

日本大学陸上競技部監督（投てき指導）
小山裕三 監修

メイツ出版

はじめに

　2015年に刊行された「記録が伸びる！陸上投てき～砲丸投げ・やり投げ・円盤投げ・ハンマー投げ」は、おかげさまでたくさんの中高生アスリートや指導者の方々に読まれてきました。この場を借りて御礼申し上げます。

　同書では投てきフォームの重要性を説き、上達を目指す上でまず力に頼らないフォームを身につけること。さらに筋力がついていないうちには、しっかり正しい技術を覚えることが大切だと解説しました。力づくで投げようとすると、フォームなど技術面が完成しないばかりか、ケガや故障してしまうこともあるのです。正しいフォームをマスターするには、それを反復することが上達する最上の方法であり、それ以外に強くなっていくための道はありません。

　しかし、体ができる前の中学生や高校生は、闇雲に練習を重ねるのではなく、

監督やコーチのもと質の高い練習で正しい技術を身につけることが大切です。各投てきに共通する基礎体力はもちろん、種目ごとに求められる筋力のアップや動作づくりしなければなりません。

この本では砲丸投げ、円盤投げ、ハンマー投げ、やり投げの全4種目において、レベルアップするためのトレーニング方法をトップレベルの学生がモデルをつとめ、紹介しています。また競技技術を向上するためのポイントも解説しています。トレーニング本としてだけでなく、技術教本としてもお役立てください。

本書が投てき競技に取り組む、中高生アスリートや指導者の方々の技術習得の手助けになれば幸甚です。

日本大学陸上競技部監督
小山 裕三

この本の使い方

この本では、陸上競技の投てき種目である砲丸投げ、円盤投げ、ハンマー投げ、やり投げで上達するためのトレーニング・練習法を紹介しています。

4種目それぞれの技術において、構えやフォームの注意点、上達するためのトレーニング法を解説しているので、読み進めることで着実にレベルアップすることができます。また、特に知りたい、苦手だから克服したいという項目があれば、その項目だけをピックアップしてチェックすることもできます。トップクラスの選手たちの練習法を参考にして、正しい技術を身につけましょう。

各ページには、紹介しているコツをマスターするための「レベルアップ」があげられています。理解を深めるための助けにしてください。さらに巻末には、4種目共通のコンディショニングのページも設けておりますので、練習メニュー前後に取り入れましょう。

タイトル
このページでマスターするコツとテクニックの名前などが一目でわかるようになっている。

※トレーニングの回数は目安

CHECK POINT
コツをマスターするためのポイントを紹介している。
練習に取り組む際には、常に意識しよう。

レベルアップ
トレーニングやCHECK POINT!と連動して、テクニックをマスターする上で必要なポイントや注意点を列記している。

- トレーニング①では足を動かさず肩甲骨の動きを意識する
- 肩甲骨を寄せてバックスイングに入る
- トレーニング②では足を踏み込みパワーポジションをつくる
- 全身の力を使ってボールを押し込む

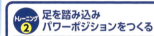

10回×3〜5セット

トレーニング② 足を踏み込みパワーポジションをつくる

トレーニング②では、より投てきにフォームに近づけて動作する。リリースとなる位置に左足を踏み込みスタート。「パワーポジション」に全身の力を使ってボールを押し込む。一連の動作で肩甲骨の動きを意識することで、しなやかで力強い投てきが可能になる。

トレーニング①から大股で一歩下がり、左足を踏み込む。肩甲骨を寄せた状態でバックスイングし、頭の上にあるボールを前面の壁に押し当てる。跳ね返りをキャッチして、再び投てきの動作をつくる。

連続写真
コツやテクニックに関する詳しい知識や、動作など細かな方法などをアドバイスしている。

はじめに ………………………………………………………………………… 2
この本の使い方 ………………………………………………………………… 4

PART1　砲丸投げトレーニング

コツ01	砲丸を加速させて勢いよく押し出す	10
コツ02	高い身体能力と正確な技術を求める	12
コツ03	グライド投法の「入り」を意識する	14
コツ04	グライド投法の「投げ」前の動きを確認する	16
コツ05	グライドを連続させて速い動きを覚える	18
コツ06	道具を使ってグライドの精度を上げる	20
コツ07	反復横跳びの動きから足さばきを磨く	22
コツ08	溜めたパワーを十分に砲丸に伝える	23
コツ09	グライドと突き出しの長さを調整する	24
コツ10	上体のひねりや体重移動を利用する	26
コツ11	曲げた脚を伸び上げるように投げる	28
コツ12	サークル内ですべての動きを完結させる	30
コツ13	カラダの回転運動を投げの力に変える	32
コツ14	脚さばきと回転感覚を身につける	34
コツ15	動きに強弱をつけ、突き出し前に止まる	36
コツ16	投てき方向を向きハーフターンで投げる	38
コツ17	静止した状態から回転して投げに入る	40
コツ18	動きを1つ1つに区切って投げる	42

PART2　円盤投げトレーニング

- コツ19　カラダを1回転半させてリリースする ……………………………… 44
- コツ20　筋力とスピードをバランスよく鍛える ……………………………… 46
- コツ21　パワーを生み出す「ひねり」を作る ……………………………… 48
- コツ22　重心を移動させながらターンに入る ……………………………… 50
- コツ23　ターンの中で左足をスムーズにはがす ……………………………… 52
- コツ24　スキップからパワーポジションを作る ……………………………… 53
- コツ25　鉄球で筋力アップと振り切りを磨く ……………………………… 54
- コツ26　ボールでフォームを固め、筋力を養成する ……………………………… 56
- コツ27　軸足に重心を乗せた状態から投げに入る ……………………………… 58
- コツ28　脚を入れ替えることでファウルを防ぐ ……………………………… 60

PART3　ハンマー投げトレーニング

- コツ29　4回転で力を溜めてハンマーを投げる ……………………………… 62
- コツ30　正しいイメージと基本の反復で技術を向上する ……………………………… 64
- コツ31　ハンマーを大きく振りながら歩く ……………………………… 66
- コツ32　スイングとターンの動きと感覚を磨く ……………………………… 68
- コツ33　手を常にカラダの前に持ってくる ……………………………… 70
- コツ34　ハンマーの重量を変えて投げる ……………………………… 72
- コツ35　スイングやターンを減らして投げる ……………………………… 74
- コツ36　ケトルで振り切りのタイミングを覚える ……………………………… 76
- コツ37　重い鉄球で投げる力をつける ……………………………… 78

| コツ38 | シャフトを利用して筋力アップを図る …………………………… | 80 |

PART4　やり投げトレーニング

コツ39	助走のスピードと肩の強さを生かす ……………………………	82
コツ40	助走から投げ動作を分割して身につける ………………………	84
コツ41	投げ動作の際に重要な筋力を高める ……………………………	86
コツ42	鉄棒でカラダのしなりや柔軟性を養う …………………………	88
コツ43	脚の動きを加えスムーズな動作に生かす ………………………	90
コツ44	平行棒で腕や肩まわりの筋力を鍛える …………………………	92
コツ45	タイヤたたきで正しい振り切りを覚える ………………………	95
コツ46	道具を使ってクロス走をマスターする …………………………	96
コツ47	やりを楽に保持してリリースを迎える …………………………	98
コツ48	肩甲骨を可動させてボールを押し込む …………………………	100
コツ49	脚を使わずに上半身のしなりを作る ……………………………	102
コツ50	やりを壁に押しつけ肩入れ動作を覚える ………………………	104

コンディショニング

| コツ+α | 体調を整えて質の高い練習を継続する ………………………… | 106 |

PART1
砲丸投げ トレーニング

「グライド投法」…P10〜
「回転投法」………P32〜

PART 1 コツ 01 グライド投法のフォーム
砲丸を加速させて勢いよく押し出す

助走と上体のひねりで生まれる力を生かす

　2種類ある投法のうち、後ろ向きに上半身を前傾させた体勢から、助走と上体のひねりによって生まれる力を砲丸に加えて投げるのが「グライド投法」。低い構えから素早いステップを刻み、砲丸を勢いよく押し出すようにリリースする。できるだけ長い距離を使って砲丸を加速させることが好記録へのカギとなる。

　瞬発力や跳躍力、強い筋力が必要。重い物体を遠くに投げる競技特性から、**とくに腹筋や側筋、三角筋＆胸筋、大腿四頭筋といった部位の強さが不可欠だ**。動きがシンプルで、安定したフォームで投げられるというメリットがある。

レベルUP↗

- 助走と上体のひねりで生まれる力を生かす
- カラダ全体にパワーを溜め込む
- 低い構えから素早いステップを刻む
- 後方に勢いよく蹴り出し、股を開く

砲丸投げ

CHECK POINT

より強い力を生み出すには、まずカラダ全体にパワーを溜め込む必要がある。サークルの後方で、右脚1本で立った姿勢から右ヒザを直角に曲げてカラダ全体を小さくかがませる。背すじは自然に少し曲がるくらいでよい。

CHECK POINT

左脚を後方に勢いよく蹴り出し、股を開くことで溜め込んだパワーを解き放ち、砲丸を遠くに投げるための加速動作が生まれる。グライド投法は長い距離で砲丸を加速させたいので、できるだけ股を大きく開く。

PART 1
コツ02 グライド投法で取り組むトレーニング
高い身体能力と正確な技術を求める

基礎練習と技術練習で総合的な能力を上げていく

砲丸投げのトレーニングは、ひたすら砲丸を投げていれば記録が伸びるわけではない。グライド投法はもちろん、32ページから紹介する回転投法も基礎練習と技術練習をそれぞれ取り組むことで、総合的なレベルアップが可能になる。

基礎練習とは筋力やスピードといった基礎的な体力をつけるためのトレーニングであり、技術練習とは正しいカラダの動かし方を身につけるトレーニングだ。本書の技術練習は、**砲丸を投げるまでの動きと、実際に投げる局面とに分けて考えていく。**それぞれに質の高い練習を重ねることで記録を伸ばすことができる。

砲丸投げ

POINT ❶ 基礎体力を高めて カラダの土台を強くする

簡単な用具や自重（自分の体重）を使って、基礎的な体力アップを図る。これ以外にもマシンを使ってのウエイトトレーニングや各種体幹トレーニングもここに含まれる。定期的に計測し、体力の向上をチェックしよう。

POINT ❷ 投げる動作までの カラダの使い方を覚える

スタートの姿勢から脚の運びやさばき、上体や腕の使い方など、投げるまでのカラダの使い方を身につける。どこか1つでも間違って覚えると、それ以降が連鎖的に正しい動きではなくなるので、高い集中力と意識が必要だ。

POINT ❸ パワーポジションを経て 正しい角度に投じる

グライド投法も回転投法も、溜めた力をいかに効率よく砲丸に伝えられるかが重要だ。突き出しの局面では、カラダを伸び上がらせるようにして40〜42度の角度で砲丸をリリースする。腕だけで投げようとしないこと。

グライド投法　回転投法

+1 プラスワンアドバイス

映像を有効に活用し トップ選手の動き方を研究しよう

自分にあった投法を見つけることは簡単ではない。グライドと回転のそれぞれのトップ選手の映像を動画サイトでチェックすることができる。自分の練習や投げも映像に録画し、比較してみると理解が深まるだろう。

13

PART 1

コツ 03

グライド：脚の振り上げ～しゃがみ動作のイメージ

グライド投法の「入り」を意識する

脚の振り上げ
10回×3～5セット

鎖骨と下アゴの間で砲丸を持っている意識で右手を添え、軸となる右脚1本で立つ。

上体を前方に傾けると同時に、左脚を後方に向けて伸ばす。

トレーニング 1

上体と連動させながら片脚を股関節から振り上げる

　グライド投法の「入り」を意識づけるトレーニング。軸となる右脚に対して、上体と左脚が振り子のようになるイメージで行う。右手は常に砲丸を持っている形を作っておくこと。砲丸を投げる方向は、振り上げた左脚の方向。つまりここでは顔は真後ろを向いている。

CHECK POINT

　上から見たとき、上体と振り上げた脚が一直線になるのがポイント。脚を開いたり、膝から下を浮かせたりしない。左腕を軽く上げると、1本足で立つ姿勢が安定する。

- 1本1本を丁寧に納得できるまで行う
- 上から見たとき、上体と振り上げた脚を一直線にする
- しゃがみ動作は、軸足に重心を乗せたままカラダを小さく
- 右手は終始、砲丸を持っている形を作っておく

砲丸投げ

しゃがみ
10回×3〜5セット

右脚1本で立ったまま、振り上げた左脚を軸足の横まで引きつける。

右ヒザを直角に曲げるぐらいの意識で、カラダ全体を小さくかがませる

トレーニング② 軸足に重心を乗せたまま カラダを小さくかがませる

トレーニング①の姿勢から、軸足を深く曲げてしゃがむまでの動きを習得する。振り上げた左脚を軸足の横まで引きつけ、カラダ全体を小さくかがめるようなイメージ。左足は指先を地面につけても、浮かせたままでも構わないが、重心は右足に乗せた状態を保っておく。

CHECK POINT

背筋は自然にやや曲がるくらいがよい。上体だけが倒れ、お尻が上がったままの状態はNG。ここで軸足をしっかり曲げ、小さくかがむ姿勢を作れないと、次の動作につながっていかない。

15

PART 1 コツ04　グライド：股の開きまでのイメージ
グライド投法の「投げ」前の動きを確認する

股の開き
10回×3〜5セット

右ヒザを沈み込ませて重心を落とし、パワーを溜める

右ヒザを一気に伸ばし、投てき方向（背中側）に向かって左脚を力強く蹴る

トレーニング① 左脚を踏み出して股を開き加速動作を生み出す

　実際に投げるまでの動きとして、コツ03の「脚の振り上げ〜しゃがみ動作」に続く、最後の動きを身につけるトレーニング。左脚を後方に勢いよく蹴り出し、股を開くことで砲丸を遠くへ投げるための加速動作が生まれる。ここでは、できるだけ大きく股を開く意識を持とう。

CHECK POINT

　左脚を蹴る際、上方向に蹴ったり足の裏を上に向けたりしない。後方（投てき方向）に向かって蹴ることで加速が生まれる。腰の落としを利用して蹴ると、より一層スピードが増す。

レベルUP
・腰の落としを利用し、前方向に力強く飛び出す
・左脚はつま先を地面に摺らせるようにして、できるだけ大きく踏み込む
・上体はリラックスさせ、下半身のみで動作を行うように意識する
・脚の振り上げ〜しゃがみ動作からの動きを連動させる

砲丸投げ

左脚をできるだけ遠くに接地させ、大きく股を開く

左脚に素早く重心を移動させることで、砲丸を飛ばすための加速力が生まれる

CHECK POINT

上体は力まずにリラックスさせ、下半身のみで動作を行う。バランスを崩さないように注意しながら、左足のつま先が地面を摺るようなイメージで、股をできるだけ大きく開く。

CHECK POINT

右手でバランスをとったり、大きく動いてしまうのはNG。砲丸を持っていなくても、手は常にアゴの横に構えて動作する。そうすることで実際の投てきを意識したトレーニングにすることができる。

PART 1
コツ05 連続グライド・タイヤ蹴り

グライドを連続させて速い動きを覚える

連続グライド

10〜100m×1〜10セット
※シーズンや試合に合わせて変える

 トレーニング1 **一連の動作を繰り返すことでより速い動きを実感する**

コツ03、04の「脚の振り上げ〜しゃがみ動作〜股の開き」までの一連の動作を何回か繰り返す。同じ動きを続けることによって、1回ずつ行うよりも加速感が出て、より速い動きが可能になる。このとき、雑にならないように1回ごとに正しい動作を意識して行うこと。

左脚を後方に振り上げ、上体を前傾させる。右ヒザを直角に曲げるようにカラダを小さくかがめる。左脚を後方に蹴って、股を大きく開く。最初の体勢に戻り、グライド動作を繰り返す

CHECK POINT

動きの中で手が砲丸を保持する首元から離れるのはNG。手が離れると、腕や上体の反動を利用してカラダを移動できてしまうからだ。負担のかからない重さの物を持って行ってもよい。

- 連続グライドは、1つずつの動きを丁寧に確認しながら行う
- 連続グライドを行うとき、首元で砲丸を持っていることをイメージする
- タイヤ蹴りは、タイヤに触れるように低く鋭く左脚を後方に蹴る
- 股を開く局面で左脚が浮くと、溜めた力のすべてを砲丸に伝えられない

砲丸投げ

タイヤ蹴り

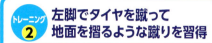

10回×3〜5セット

トレーニング2 左脚でタイヤを蹴って地面を摺るような蹴りを習得

　グライドで股を開く際、左脚を後方（投てき方向）に蹴る動作の応用。地面を摺るように蹴るのが理想になるため、下にあるタイヤを触ることで浮いてしまう蹴りを抑え、低く素早い蹴りを身につける。このバックステップのスピードが速いほど砲丸の飛距離につながる。

自分のすぐ後ろにタイヤなど10cm前後の高さのあるものを置く。左脚の振り上げからグライド動作を始める。右脚1本に体重を乗せたまま、深くしゃがみ込む。左脚を後方に蹴るとき、同時にタイヤも力強く蹴る

CHECK POINT

蹴りが浮くと、タイヤに触れることができず、空振りしてしまう。低く蹴ってしっかりタイヤに触れること。蹴るのは木の棒や汚れてもいいタオルなど、タイヤでなくとも構わない。

PART 1 コツ 06 チューブ引きグライド・タオルまたぎ

道具を使ってグライドの精度を上げる

チューブ引き

10〜12回×3〜5セット

トレーニング 1　チューブで引っ張ってもらい腰が前に進む感覚を養う

　グライドで左脚を蹴る際、腰に巻いたチューブを後ろ（投てき方向）から引っ張ってもらうことによって、脚ではなく腰が前に進む感覚を養う。また、左脚の積極的な引きからの股関節の大きな開きや、右脚膝下をカラダの下への素早く引き込む動作も体得できる。

上体を前方に傾け、左脚を後方に伸ばす。左脚を軸足の横まで引きつけ、全身を小さくかがめる。左脚を蹴って股を開くタイミングで、腰に巻いたチューブを後方（投てき方向）から引っ張ってもらう。右足を投てき方向にずらし、全身を進ませる

CHECK POINT

　実際の投げでも、腰が前に動くことで力強さが出る。グライドの「脚の振り上げ〜しゃがみ動作〜股の開き」がイメージできていないと、引っ張られたときにバランスを崩しやすい。

- チューブ引きグライドは、引っ張ってもらい腰が前に進む感覚を養う
- 股関節の開きや右脚膝下のカラダ下への素早い引き込みを体得
- タオルまたぎは、置いたタオルに触らずに右足を浮かせるように引く
- タオルに触れてしまうと、溜めたパワーを十分に生かせなくなる

砲丸投げ

タオルまたぎ

10回×3～5セット

トレーニング2 下に置いたタオルに触らずに右足を浮かせるように引く

グライドの際、軸足となっている右足を後方に引きずることなく、浮かせるようにしてパッと蹴るトレーニング。下に置いたタオルを触らないように引く。摺るように引くと減速につながってしまう。ここでは足が浮きすぎてもOK。引きずらずに引くことが重要だ。

グライド動作の1つ目、左脚を後方に振り上げる。2つ目で左脚を引きつけ、カラダを小さくかがめる。軸足の右足を浮かせるようにして後方にパッと蹴る。右足を引きずらないことで溜めた力のロスを抑えられる

CHECK POINT

グライドでは、右脚に溜めたパワーを投てき方向に蹴ることで解き放つ。このとき右足を地面に摺るように引いてしまうと、せっかく溜めた力を生かすことができない。

PART 1 グライド反復横跳び

コツ 07 反復横跳びの動きから足さばきを磨く

30秒×3〜5セット

トレーニング 1 反復横跳びの要領でグライドし素早い足さばきを磨く

トラックのレーンのライン3本を利用し、反復横跳びの要領で動くことで足さばきを磨くトレーニング。疲れてくると、どうしても上体が起き上がり、砲丸を持っていると想定している手も首元から離れてしまうが、最後まで低い姿勢で手を首元から離さずに行う。

手は首元に置いて、スタートは真ん中のラインから。グライドの動きで後ろのラインを踏まないように下がる。低い姿勢のまま、真ん中のラインに戻る。さらに前のラインに進み、そこから再びグライド動作に入る

- トラックのライン3本分の幅を使って行う
- 反復横跳びのように素早く動き、鋭い足さばきを身につける
- 上体は最後まで低い姿勢のまま。疲れてきても上体を起こさない
- 砲丸を持っていると想定している手は首元にしっかり当てておく

PART 1 コツ08　投てき練習

溜めたパワーを十分に砲丸に伝える

体重移動しながら40〜42度の角度で投げる

グライド動作からのパワーポジションを経て、実際に砲丸を投げる局面に入っていく。グライド投法は垂直方向への縦回転（カラダの起こし）、回転投法は水平方向への横回転（ひねり）という違いはあるものの、助走やターンで溜めた力を砲丸に伝えるという目的は変わらない。重心を右脚から左脚へと移しながら、**突き出す角度は40〜42度が理想という点も2つの投法は共通している。**

リリースのタイミングは、回転投法の方がやや難易度が高い。投げた後はうまく脚を入れ替え、足がサークルから出ないように注意する必要がある。

PART 1 コツ09 ショートロンググライド・ロングショートグライド
グライドと突き出しの長さを調整する

ショートロンググライド
10〜20本程度

脚の振り上げから
しゃがみ動作をしっかり行う

グライドの長さを意識して
やや短くとる

ロングショートグライド
10〜20本程度

グライドの長さを意識して大きく後ろへ

砲丸の加速距離を長くし、
スピードを生かして投げる

レベルUP
・グライドと突き出しの長さを調整して練習する
・ショートロンググライドは、グライドを短く、突き出しを長くとる
・ロングショートグライドは、グライドを長く、突き出しを短くとる
・「ショート」「ロング」を意識することで投てき動作のレベルアップを図る

砲丸投げ

早く脚をついたら、突き出す動作をやや長くとる

右膝を地面に対して水平方向へしっかり送り出す

突き出しをやや短くし、タイミングよくリリースする

グライドで得たスピードを生かしてリリースする

PART 1
コツ 10
突き出し（正面・横）
上体のひねりや体重移動を利用する

正面
10〜20本程度

脚は肩幅に開いて投てき方向に
正対するように立ち、左腕を斜め上方に伸ばす

ヒザを軽く曲げて、砲丸を後方に、
左腕を前に移すような意識で上体をひねる

横
10〜20本程度

脚は肩幅よりやや広めに開き、
左足を前に投てき方向に対して横向きに立つ

右脚に重心を乗せ、腰の右側を下げるとともに、
左の腕と脇腹を大きく伸ばす

26

レベルUP

- 正面の突き出しは、体幹を十分にひねり、その反動を利用する
- 横を向いての突き出しでは、右脚から左脚への体重移動も加える
- 横を向いての突き出しでは、右ヒジが顔の正面に来るようにフィニッシュ
- 突き出した直後は、ヒジを伸ばし、手首のスナップを効かせる

砲丸投げ

上体のひねりの戻しと左腕を縮める反動を利用し、右腕を勢いよく突き出す

フォロースルーはヒジを伸ばしたまま、手首のスナップを利かせるのが効果的

重心を前にある左脚に移動させながら、上体のひねりを生かして砲丸を突き出す

突き出した後、伸ばした右ヒジは顔の正面に来るようにフィニッシュする

PART 1 | **コツ 11** | 真上投げ・軸足投げ

曲げた脚を伸び上げるように投げる

真上へ
10〜20本程度

一般的な立ち投げだが、
真上に投げるイメージを持って行う

重心を乗せた右ヒザを深く曲げ、
できるだけ低い姿勢でパワーポジションを作る

軸足を上げる
10〜20本程度

右脚1本で立ち、
上体を前傾させながら左脚を浮かせる

右ヒザを直角ぐらいに折り曲げ、
カラダを小さくかがめる

レベルUP
- 真上投げは、自分のカラダの真上に投げるような感覚で投げる
- 全身を使って脚を伸展させながら上に向かって投げる
- 軸足投げは、投げ終わるまで右脚1本で立って行う
- 水平方向に投げようとするとバランスを崩しやすい。投てき方向は真上に

砲丸投げ

脚を曲げたところから伸び上がるようにし、左上を真上に伸ばす

自分の真上に向かってリリースする。実際には斜め上方に飛ぶ

右脚1本で立ったまま、上体を起こして投げの体勢に入る

上体が前のめりになるとバランスを崩しやすいので真上に投げるイメージで

PART 1 コツ 12 平行リバース

サークル内ですべての動きを完結させる

10～20本程度

グライド動作から十分に
力を溜めて投げる

砲丸が手から離れるまで、
両足はサークルから離さない

 トレーニング 1

投げた後に脚を入れ替えて
ファウルを防ぐ

すべての動作を直径2.135mのサークル内で完結させなければならない砲丸投げでは、砲丸が落下する前にサークルから出てしまう行為は違反になる。そのファウルを防ぐために身につけたいのが、投げ切ってから左右の脚を入れ替える制動（リバース）動作だ。

CHECK POINT

砲丸が落下する前にサークルから出る行為はファウル。サークルの投てき方向側に設置されている足留め材は内側に触れるのはOKだが、上に乗ってしまうのはファウルになる。

| レベルUP | ・突き出しからリバース動作への切り替えをできるだけ早くする
・砲丸が落下する前にサークルから出たり、足留め材に乗らないよう注意
・リリース後に左右の脚の位置を入れ替えることでファウルを防ぐ
・しっかりと砲丸を押し出してから、リバース動作に入る | 砲丸投げ |

右脚を左方向に回転させる

左脚を浮かせて、右足を左足があった位置に接地する

CHECK POINT

しっかりと砲丸を突き出してからリバース動作に入るが、つき出しからリバース動作への切り替えをできるだけ早く行うことがポイント。

+1 プラスワンアドバイス

左足を置いていた位置に右足を素早く置き換える

しっかりと砲丸を押し出してから、フォロースルーの局面で、左足と右足を入れ替える。左足を置いていた位置に右足を置き換える。脚の入れ替えは素早く行うようにする。

PART 1
コツ 13 回転投法のフォーム
カラダの回転運動を投げの力に変える

ターンにより長い距離をかけて力を増幅する

　2種類ある投法のうち、カラダをターンによって回転させることで力を生み出し、それを砲丸に伝えて投げるのが「回転投法」だ。**ターンは水平にできるだけ速く回ることが重要で、グライド投法に比べてより長い距離をかけて力を増幅できるというメリットがある。**

　振り切るようなイメージでリリースするため、好記録が期待できる一方、タイミングをとる難しさがあり、ファウルしてしまうリスクが高い。イメージ練習やターンの反復によって、正しい動き方を覚えたい。なお、現在、世界トップ選手の主流は回転投法になっている。

レベルUP↗
・腰をひねって右脚に重心を乗せて振りかぶる
・ターンに長い距離をかけて力を増幅する
・まっすぐ伸ばした左腕を先行させて左側に回転する
・タイミングを合わせて砲丸を突き出す

砲丸投げ

CHECK POINT

サークルの後方で投てき方向に背中を向け、足を肩幅よりやや広くして立つのが最初の姿勢。腰をひねって右脚に重心を乗せ、振りかぶったところからまっすぐ伸ばした左腕を先行させるようにして左側に回転を始める。

CHECK POINT

脚と体幹の先行動作によって、上半身に一瞬、投てき方向とは逆向きの力が加わる。ここでひねりが最大になった状態がパワーポジション。うまくタイミングを合わせて砲丸を突き出し、ファウルしないようにリバースする。

PART 1

コツ **14**

メディシンボールでのイメージ

脚さばきと回転感覚を身につける

10回×3〜5セット

メディシンボールを持ち、両脚を前後に開いて重心を落とす

右脚に体重を乗せ、それを軸に左脚を右方向に回転させる

トレーニング 1
脚さばきと回転の感覚、カラダのねじりを覚える

　回転投法の目的はターンによって加速距離を長くとること。ここではターンでの脚さばきと回転の感覚を養いつつ、その際にカラダのねじりをしっかり作る意識を持つようにする。メディシンボールを両手で胸の前で持つことで、上体の向きも理解しやすくしている。

CHECK POINT

　メディシンボールは胸の前で両ヒジを左右に張るようにして持つ。これによって上体が起きて顔も上がり、方向感覚も見失わない。投てき方向を頭に入れながら動きを確認しよう。

レベルUP
- ターンの局面での脚さばきと回転の感覚を養う
- カラダのねじりをしっかり作る意識を持つ
- メディシンボールを胸の前で持ち、上体を常に起こしておく
- 脚をさばいてから腰が回転し、最後に上体がついてくる

砲丸投げ

軸足の右足は、拇指球を支点に回ると回転しやすい

ハーフターンをして左足をつき、上体も後方に向ける

CHECK POINT

ボールを持った上体が下半身より先に先行して回転してしまう動きはNG。脚をさばいてから腰が回転し、その後に上体がついてくる。それによってねじりを作ることができる。

+1 プラスワンアドバイス

砲丸自体は回転させずにターンで生まれた力を使える

カラダは回転させるが、砲丸自体はサークル内でほとんど回転しない。むしろ投てき方向にまっすぐ進むイメージだ。ターンによって生まれる力をロスなく砲丸に伝えたい。

PART 1

コツ 15 — 壁を使ってのイメージ・腰を抜いたイメージ

動きに強弱をつけ、突き出し前に止まる

壁を使う

10回×3～5セット

 トレーニング1 過回転せずにピタッと止まり次の突き出しに備える

　回転をしながらある局面で止まっておかないと、次の局面で砲丸をしっかり突き出せない。壁を使って、過回転せずにピタッと止まる。ターン動作時の左脚の動きもマスターできる。サークルの大きさや自分の回転の幅をきちんと把握しておき、直後の突き出しに備えよう。

壁に向かい、ハーフターンの姿勢をとる。左脚を軸にして、まっすぐターンに入っていく。壁に近づくように軸を右脚に移し、カラダを回転させる。投てき方向に背中を向け、浮かせた左足の裏を壁にぶつける

CHECK POINT

　回転しすぎたり、前への移動幅が大きすぎると、壁にピタッと止まることができない。上体が反ってしまったり、壁に近づきすぎてしまうのは突き出しの備えができていない証拠。

36

- 壁を使ってのイメージでは、回転していき壁の前でピタッと止まる
- 壁に近づきすぎると、次の局面の突き出しが十分にできない
- 腰を抜いたイメージは、動きに強弱をつけて腰を素早く回転させる
- 腰を抜いたイメージは、一定の調子でゆっくり回ってしまわない

砲丸投げ

腰を抜く

10回×3〜5セット

動きに強弱をつけて腰を素早く回転させる

　回転してきて腰を抜くトレーニング。ここで言う「腰を抜く」とは、腰を素早く回転させるというイメージで、悪い意味ではない。回転投げはゆっくり入り、砲丸を加速させなければいけないので、クルっと回る局面で動きに強弱をつけて切り替えることがポイントだ。

ラインを利用すると進むべき方向が理解しやすい。ゆっくり入って重心を左脚から右脚に移していく。右脚を軸に腰を素早く回転させて砲丸に勢いをつける。そのままの勢いを生かしてパワーポジションを作る

CHECK POINT

動きに強弱がなく、一定の調子でゆっくり回ってしまうのはNG。それでは砲丸に勢いがつかない。入りの部分はゆっくりで構わないが、クルっと回るところで素早い動きを意識する。

37

PART 1

コツ 16

サウスアフリカン
投てき方向を向きハーフターンで投げる

10回×3〜5セット

サークルの後方から左足だけを
サークル内に入れて構える

左脚に重心を乗せ、
左腕でバランスをとりながら
ターンを始める

 トレーニング 1
片足をサークル外に接地し
ハーフターンで投げる

　実際の投げに入る際、いきなり投てき方向に背中を向けて始めるのは難しい。そこで右足はサークルの外に置き、投てき方向に向いたところからターンをして投げる。後ろ向きから始める不安を解消し、ターン全体の流れや投げの体勢に入る感覚をつかむことができる。

CHECK POINT

　カラダは回転しながら進むが、砲丸自体はサークル内をまっすぐに進むイメージ。右脚はヒザを内側に絞るのではなく、外側を大きく回すように。過回転や回転不足に注意する。

レベルUP↗

- サウスアフリカンは、片足サークル外接地からのハーフターンで投げる
- 投てき方向を向いた状態から始めることで不安を解消できる
- ターン全体の流れや投げの体勢に入る感覚をつかむ
- 右脚は外側を大きく回すようにし、過回転や回転不足に注意する

砲丸投げ

砲丸がなるべく上下しないように水平に勢いよく回転する

右足を接地させると同時に、左足を投てき方向に進める

回転によって生まれたパワーを右脚に溜め、左足をサークル最前部につく

腕をしっかり振り切ってリリースする

39

PART 1

コツ 17 ピボットドリル

静止した状態から回転して投げに入る

10〜20本程度

投てき方向を向いて砲丸を構え、右脚に重心を乗せて腰を落とす

右脚を軸に左側に回転を始める

トレーニング ① 動きのない状態から軸を意識してスムーズに回る

　動きの中でまっすぐ入っていくような回転ができるサウスアフリカンに対し、ピボットは入りの要素がなく、静止している状態からクルっと回転していく。サウスアフリカンよりも難易度がやや高いが、サークルの中心付近で軸足に意識を置いて回転する動きを磨く。

CHECK POINT

　入りの動きがないため、脚さばきをきちんと意識しないと、理想的なターンはできない。低く保った重心をうまく移動させながら、砲丸を最大限に加速させてリリースを迎える。

40

レベルUP
- 静止している状態から軸足を意識してスムーズに回る
- 軸足の拇指球に重心を乗せると、素早く回ることができる
- 左脚が先行して腰が動き、あとから上半身がついてくる
- 動きの中でまっすぐ入っていく回転のサウスアフリカンより難易度が高い

砲丸投げ

右脚は拇指球に乗っていると回転しやすい

左脚が回転してから上体がそれについてくる

重心を前(左)脚に移動させながらパワーポジションに入る

ターンによって生じた加速力を生かし、砲丸を突き出す

PART 1 コツ18 ステップイン
動きを1つ1つに区切って投げる

投てき方向に向かってまっすぐ右脚を振り出す

1つ1つの動きに区切りをつけながらターンを行う

ロボットのような動きをイメージして回転する

お腹を出していくような意識でリリースを迎える

10～20本程度

 トレーニング1　右脚を前に振り出してお腹を出すように投げる

　ステップインは、動きとしてはサウスアフリカンと変わらない。ただし、1つ1つの動作に区切りをつけて行うため、勢いをつけたり、流れの中で投げられるサウスアフリカンよりもやや難しい。1回転半で投げるステップインを発展させるとフルターンになる。

- 右脚を意識して、投てき方向にまっすぐ振り出す
- 1つ1つの動作に区切りをつけ、ロボットのような動きを意識する
- リリースに向かってお腹を突き出していくような意識で行う
- ステップインを発展させるとフルターンになる

42

PART2
円盤投げ トレーニング

PART2 コツ19 円盤投げのフォーム
カラダを1回転半させてリリースする

ターンの遠心力によってエネルギーを蓄える

円盤投げは現在、1回転半のターンからリリースするフォームが主流になっている。サークルの最後方で投てき方向に背中を向けて立ち、円盤を左右に動かして振りかぶる。**とくに最後の振りは、上半身と下半身のひねりからエネルギーを蓄えるという意味で重要だ。**

ターンはまず左足を軸に回転。かかとを浮かせ、右脚を振り子のようにして回り、遠心力を増幅させる。サークル中央に右足をついて1回転が完了。左足を投てき方向に踏み込み、投げ動作に入る。常に右腰のやや後ろでキープしていた円盤をカラダの真横でリリースする。

レベルUP↗
・ターンの遠心力によってエネルギーを蓄える
・右脚を振り子のようにして回り、遠心力を増幅させる
・かかとを浮かせて拇指球に体重を乗せる
・ターンに入ったら目線はできるだけ水平にキープして回転する

円盤投げ

CHECK POINT

ターンは、最初の左脚を軸に回転し始めたときも、次の重心を右脚に移し替えた局面でも、足の裏全体ではなく、かかとを浮かせて拇指球に体重を乗せることが重要。それによってスムーズな回転と重心移動が可能になる。

CHECK POINT

ターンに入ったら目線はできるだけ水平にキープして回転する。こうすることで円盤は地面と平行に動き、ロスなく遠心力をかけれる。円盤を高い位置で回そうとするほど目線が下がりやすくなるので注意しよう。

PART 2 コツ20 円盤投げで取り組むトレーニング
筋力とスピードをバランスよく鍛える

筋力をつけつつもシャープさを失わない

　片手で持った円盤をカラダを回転させることで投げる円盤投げでは、動作のスピードとリリースの高さ、角度が重要になる。回転動作において、いかに遠心力をかけられるかが記録に結びつくため、腕の長さや身長の高さなど体格面が及ぼす影響も小さくない。

　トレーニングではターンやリリースなどの正しい動きを技術練習で身につけるのはもちろん、基礎体力もしっかり鍛えていきたい。 パワーが最重要の要素と思われがちだが、素早さも同様に欠かせない。筋力をつけつつ、シャープさを失わないような意識で取り組もう。

POINT 1 筋力トレーニングで投げにつながるカラダを作る

大胸筋や背中の広背筋、大腿や臀部といった円盤投げでとくに重要な部位は、バーベルやプレートを使用し、定期的に鍛えたい。ゴム製のチューブは筋力トレーニングとしてだけでなく、腕の振りなどの技術練習にもなる。

POINT 2 目的や場所、時間に応じて投げる物を変える

トレーニングでは円盤を投げるのが理想だが、場所や時間、円盤の枚数には限りがある。そこで円盤に変わるものを使用する事も大事。重い物では筋力アップをはかることができ、メディシンボールでは壁などに当てて多くの本数を投げられる。

POINT 3 投げ練習は日頃から動きを意識して丁寧に行う

円盤投げは、細かな脚さばきや上体のスムーズな回転運動を行ってから投げ動作に入る。ターンから投げまでが途切れることなく、滑らかにつながるのが理想だ。投げの練習は日頃から1本1本丁寧に行うことを心がけよう。

+1 プラスワンアドバイス

円盤を正しく持って投てきする

円盤の持ち方は、利き手の人差し指から小指までの4指の第一関節を円盤のフチにかける。各指を開いて持つが、人差し指と中指はやや近い感覚にすることで、リリースの際に円盤に引っ掛かり強い回転をかけられる。

PART 2 / コツ **21** プレート振り・チューブ振り切り

パワーを生み出す「ひねり」を作る

プレート振り

10〜15回×3〜5セット

両足を肩幅より広く開いて腰を落とし、プレートを胸の前で持ったまま上体だけを右にひねる

ひねった反動を利用して、上体を正面に向ける。拇指球を支点にして回るとよい

同じ要領で左側に上体をひねる。カラダが流れないようにひねり返しを意識する

 トレーニング① 上体を左右にひねりしっかり止めてひねり返す

上体を左右にひねることを意識した体幹トレーニング。円盤投げでは、投げた直後の局面でカラダが流れてしまうと円盤が飛ばないため、ひねった動きを止め、逆方向にひねり返す動きが重要になる。両足の拇指球に重心を乗せ、そこを支点にカラダを回していく。

CHECK POINT

プレートの重さは用途によって変える。正しい動きを意識したいなら5kg程度で。筋力アップを図りたければやや重量のある物を使う。シャフトやメディシンボールなどでもOK。

円盤投げ

レベルUP
・プレート振りは、ひねった後にしっかり止めて逆方向にひねり返す
・プレート振りは、重心を乗せた両足の拇指球を支点にカラダを回す
・チューブ振り切りは、腕の力を抜いて自然に振り切るようにする
・投げる直前の動きを3回ほど続けて行ってから最後に振り切るのもOK

チューブ振り切り
10～15回×3～5セット

鉄棒などに固定したチューブの先端を持ち、立ち投げの体勢を作る

上体のひねりを戻しながら右脚にあった重心を左脚に移していく

円盤を投げるイメージでチューブを引っ張る。全身を使うのがポイントだ

トレーニング2
まず腰を入れてから顔や腕が後からついてくる

　円盤投げでは、野球の投手と同様、投げた直後に腕の力を抜いて自然に振り切ることで、円盤に乗っている推進力を生かすことができる。このトレーニングは、振り切りの動きを身につけるのが狙い。腰をしっかり回して、振り切った右手を左腰あたりまで持っていく。

CHECK POINT

顔を先に投てき方向に向けてしまうと、重心が左足に乗るのが早まり、円盤を置いてくる形になってパワーを最大限に生かせない。上半身は残し、ねじりの動きから最後に振り切る。

PART 2

コツ 22 右足から左足への体重移動から左足の乗り

重心を移動させながらターンに入る

各動作を10～15回×3～5セット

ターンに入るときの体勢を作る。
メディシンボールはお腹の前に

右足に乗っていた重心を左足に
移しながらターンを始める

> **トレーニング 1**
> **ターンに入る局面では重心を右足から左足に移す**
>
> スイングを行った後、ターンに入るまでの右足から左足への体重移動をイメージするトレーニング。右足に乗っている体重を左足に移しながらターンを始める。ターンは左足を軸に回転するが、このとき拇指球に全体重を乗せることで右足を浮かせてもバランスが取れる。

CHECK POINT

両足は肩幅より広めに開く。メディシンボールを両手に持つことで、肩が開いてしまわない効果がある。常にお腹の前にキープする。

- ボールを持って各動作に分け、イメージして動く
- ターンに入る局面で重心を右足から左足に移す
- 拇指球に体重を乗せ、左ヒザをやや曲げた姿勢をとる
- 右脚を振り子のように使って回り、遠心力を投げに生かす

円盤投げ

軸が左脚に移り、右脚は伸ばしたまま弧を描くように前方に持っていく

左足の拇指球に全体重を乗せることで右足を浮かせてもバランスが崩れない

CHECK POINT

実際の投げでは、できるだけ速い動きでターンに入るのが理想だが、ここでは正しい動きをきちんと身につけるために、1つ1つの動作をゆっくり行おう。

CHECK POINT

カカトが浮くぐらいの気持ちで拇指球に体重を乗せ、左ヒザをやや曲げた姿勢をとる。右脚を振り子のように使って回ると、遠心力を増幅できる。

PART 2 コツ23 左足のはがし
ターンの中で左足をスムーズにはがす

左足を軸にターンを行っている局面

左足を地面からはがすとともに右足を接地する

右足を軸に回転を続け、左足を投てき方向に対してやや開いて接地する

トレーニング① 軸だった左足をはがしてやや開いて接地する

左足を軸に始まったターンにおいて、その左足を蹴ることで地面からはがし、今度は右足を軸として回転を続ける。左足は投てき方向に対してやや開いて接地することで、スムーズな投げにつながる。開きが甘いと、腰が十分に入ってこないので思い切った投げができない。

レベルUP

・左脚のはがしは、ターン中に蹴ることでスムーズにできる
・はがした左脚は投てき方向に対して、やや開いて接地する

PART 2 コツ24 スキップドリル
スキップからパワーポジションを作る

10〜15回×3〜5セット

- スキップドリルは、脚が棒立ちではなく、曲げた状態でつくようにする
- スキップドリルは、回ろうという意識を持ちすぎないことがポイント

リズムよくスキップをする。左足をついたタイミングで左回転のターンに入る。腰をくるっと回転させ、進行方向に背中を向ける。そこから右足を接地させ、次に左足を右足のかかとの先に接地する

動きを止めないようにしてパワーポジションに入る

　動きながら上体のひねりをしっかり作ることと、棒立ちにならずに投げるときに力の入るポジションを意識することが目的。リズムよくスキップしていき、左足を軸にターンを行う。回ろうという気持ちが強すぎると、溜めが作れずに流れてしまうことが多いので注意。

53

PART 2 鉄球投げ

コツ25 鉄球で筋力アップと振り切りを磨く

10〜20本程度

ターンを省略したスタンディングスローのため、投てき方向に対して横を向く

左足に重心を乗せ、鉄球を持った右腕を左に振って上体をひねる

トレーニング① 鉄球を使い基礎筋力アップと振り切りの技術を磨く

　実際の円盤より重い物を投げることで、基礎的な筋力を向上できる。また、握りづらく投げにくい円盤ではなく、持ちやすい鉄球を使うことによって振り切りのトレーニングも兼ねている。回転はせず、投げの基本となるスタンディングスロー（立ち投げ）で投げる。

CHECK POINT

　慣れない鉄球はどうしても手で投げようとし、滑って自分が投げたい方向とは違う方向に投げてしまう場合がある。囲いがある、周りに人がいないなど、安全面に十分に配慮する。

- 円盤より重い物を投げて、基礎筋力のアップを図る
- 持ちやすい鉄球を投げることによって振り切りのトレーニングにもなる
- 2kgの円盤を使う一般男子は、中学女子用の砲丸 (2.721kg) ぐらいが適当
- 慣れない物を扱うため、安全に十分配慮した上で行う

円盤投げ

PART 2 コツ26 メディシンボール壁打ち・振り切り（ベンチプレス台）
ボールでフォームを固め、筋力を養成する

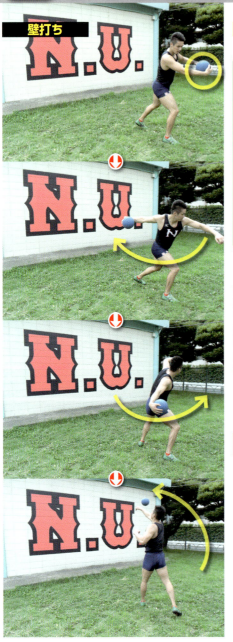

壁打ち

10〜15回×3〜5セット

トレーニング① 振り切りのポイントを意識し壁に向かってボールを投げる

壁という目標物を目の前にすることで、より振り切りのポイントを意識しやすくするのが狙い。スタンディングスローで１本ずつ全力で投げる。メディシンボールは実際の円盤や鉄球に比べて軽いので、腕ではなく、カラダ全体を使ってしっかり振り切るイメージで行う。

壁のどのあたりに投げるか、あらかじめ狙いをつけておく。左腕を先行させる形でひねった上体を戻しながら投げに入る。重心を左足に移しながらカラダの真横でリリースする。右腕をしっかり振り切る。ボールがブレたら正しい投げができていない

CHECK POINT

ここで重要なのは投げのフォームをしっかりと固めること。そのために比較的軽い物を使用する。〝手投げ〟になってしまわないように、カラダ全体を使った投げを心がけよう。

- メディシンボール壁打ちは、振り切りのポイントを意識する
- メディシンボール壁打ちは、カラダ全体を使ってしっかり振り切る
- ベンチプレス台での振り切りは、上体だけでできるだけ高く投げる
- ベンチプレス台での振り切りで筋力をアップさせ、実際の投げにつなげる

円盤投げ

10〜15回×3〜5セット

 脚を使えない状態で振り切りの筋力を高める

「メディシンボール壁打ち」がフォームを固めるのが狙いだったのに対し、ここでは純粋に振り切りの筋力を高めるのが目的。ベンチプレス台に寝ることであえて脚を使えない状態から、メディシンボールを真上に投げる。より高く投げられるように意識して行う。

ベンチプレス台にあお向けに寝て、脚を使えなくする。腕を真横に伸ばしたままボールを真上に投げる。できるだけ高く上げることで振り切りの筋力が高まる。真上に上がらない場合は振り切りのタイミングがずれている可能性がある

CHECK POINT

後ろから前に腕を振るように投げる円盤投げでは、大胸筋がとくに重要な筋肉だ。より重いプレートやダンベルなどを実際には投げずに持ち上げるだけでも、十分な筋力養成になる。

PART2 コツ27 ピボットスロー

軸足に重心を乗せた状態から投げに入る

10〜20本程度

投てき方向を向き、前（右）脚に重心を乗せた状態から始める

円盤を引くと同時に上体を右側にひねる

トレーニング① ファーストターンが終わった局面から投げるトレーニング

　円盤投げでは、ファーストターンが終わった局面で体重が軸足に乗っていないといけないが、その状態を作るのは難しい。そこで最初から投てき方向を向き、軸足に体重が乗った体勢を作って投げる。カラダは回転しているが、直線的なイメージで入っていく。

+1 プラスワンアドバイス

　セカンドターンから投げへと続くまでに、カラダが過回転や回転不足のないように。投てき方向に対して、踏み込む左足を正しい位置に置けるかどうかがポイントになる。

・投てき方向を向き、軸足に体重を乗せた姿勢からスタート
・本来の回転より半回転分、省略して動作する
・回転はしてるが、直線的に投げの局面に入っていく
・過回転や回転不足のないように左足の置く位置を意識する

円盤投げ

ひねった反動を利用し、ターン開始。
右足の拇指球で回転する

腰を先行させて回り、
左足を投てき方向に踏み込む。
円盤は後からついてくる

投てき方向を向いたら
左半身でブロックする

右腕を振り切り、
34〜40度の角度で投げる

PART 2 コツ28 リバース動作

脚を入れ替えることでファウルを防ぐ

ターンの回転を生かし腕を振り切ってリリース

そのまま勢いではサークルから足が出てファウルになってしまう

頭の高さを変えないように左右の脚を入れ替える

左足を置いていた位置に右足を持ってくる

リリース後、足をサークル内にとどめることができる

10〜20本程度

トレーニング1 ファウルをしないために左右の脚を入れ替える

リリース後にサークルから足が出ると、ファウルとなる。それを防ぐために、投げ切った直後に左右の足を入れ替えるトレーニング。その際、大きくカラダをジャンプさせるのではなく、頭の高さを変えないようにして脚を入れ替えると、タイミングが取りやすく効果的だ。

- 左脚があった位置に右脚を持ってくるようにして入れ替える
- 大きくカラダをジャンプさせず、頭の高さを変えないことを心がける
- リバース動作によりカラダが前のめりになるのを防ぐことができる
- リバースは瞬発力があり、タイミングをとるのがうまい選手に向いている

PART3
ハンマー投げトレーニング

PART 3
コツ 29
ハンマー投げのフォーム

4回転で力を溜めてハンマーを投げる

カラダを回転させてハンマーに遠心力を与える

　サークル内でハンマーを回転させて投げるハンマー投げでは、ハンマーの重量に耐えうる強い筋力に加え、**細かなステップを含めた回転動作を素早く行える器用さと俊敏性が求められる**。ターンの回転数に決まりはないが、現代は4回転投げが主流になっている。

　まずは腕を使って頭上近くで2〜3回ほどハンマーをスイングさせる。この予備動作で軽く遠心力を得たところからターンに入る。左脚を軸に少しずつ前進しながら加速し、カラダの真横でリリース。左ヒザを伸ばして回転を止めることでハンマーが飛ぶ。

- カラダを回転させてハンマーに遠心力を与える
- 予備動作で軽く遠心力を得たところからターンに入る
- 回転数が増えるほどスピードが増し、遠心力が強くなる
- 腕はターンからリリースまでは伸ばした状態で遠心力に任せる

ハンマー投げ

CHECK POINT

予備動作のスイングから回転動作のターンに入ったら、左足に重心を乗せ、その足を軸に回転する。回転数が増えるほどスピードが増し、遠心力が強くなるので、ハンマーにもたれるようなイメージで力の釣り合いをとる。

CHECK POINT

腕は終始、リラックスしておくことが重要。力んでいるとスムーズな投げにつながらない。ターンからリリースまでは伸ばした状態で遠心力に任せる。脱力できていれば、リリースの局面で自然とハンマーが手から離れる。

PART 3 コツ 30　ハンマー投げで取り組むトレーニング

正しいイメージと基本の反復で技術を向上をする

高い技術力とスピードが好記録のカギ

　ハンマー投げは、他の投てき3種目に比べて、技術的要素の占める割合が高いと言われる。ただカラダが大きく、腕力があればよいというものではない。ターンや実際の投げなど、幼い頃からの遊びの中でもあまりなかった動作なので、それだけ正しいイメージを持つことと基本練習の反復が重要になる。

　もちろん、**スピードと筋力が生み出すパワーの養成も不可欠。ウエイトトレーニングは体幹を中心に、下半身からの連動や投げに直結する種目を重点的に取り組みたい**。その際、重量だけでなくスピードやリズムも意識することが大事。

POINT 1 体幹と脚の筋肉を鍛えて回転スピードをあげる

記録を伸ばすためには、まず回転スピードを高めることが求められる。サークル内で巧みに回転し、より遠くにハンマーを投げるために、体幹を中心とした筋肉とテクニカルなステップを可能にする脚全体の筋肉を鍛える必要がある。

POINT 2 ハンマーを持たない「空ターン」で脚さばきを確認

スイング後、左脚を軸にしたターンで接地する右足に重心を移してしまうと、回転が乱れてハンマーに強い遠心力を与えられない。脚さばきに不安がある人は、スイング歩行やハンマーを持たずに回転する「空ターン」から見直してみよう。

POINT 3 ハンマーを投げずに技術の習得や筋力アップを図る

実際にハンマーを投げなくても、投げに結びつく動きの習得や筋力アップは可能だ。ケトルや鉄球を投げたり、シャフトを肩に担いで腰をツイストさせたり、今ある練習環境の中で工夫しながらメニューを組み立てていく。

+1 プラスワンアドバイス

ターンの回転を止めて飛距離を伸ばす

投げようとする意識が強すぎると腕が曲がり、軸が右側に傾いた、腕だけの引っ張った投げになりやすい。接地のタイミングで、下半身を生かすイメージが大切。左ヒザを伸ばしてターンの回転を止めることで飛距離が出る。

PART 3

コツ 31 スイング歩行

ハンマーを大きく振りながら歩く

10〜20m×3〜5セット

安全を十分に確認してから、スイングを開始

腕を振り上げてハンマーを後ろ側から持ってくる

トレーニング 1　ハンマーを振りながら歩き後ろから前に回す感覚を養う

ハンマーをスイングさせながら前（投てき方向とは反対側）に向かって歩く「スイング歩行」。ハンマーを後ろ側から持ってくる動きを意識づけるとともに、カラダをひねる感覚が身につく。スイングに慣れていない初心者にはとくに効果的なトレーニングだ。

CHECK POINT

ハンマーを自分の前だけで回したり、カラダをまっすぐ向けたまま歩くのはNG。ハンマーは頭の後ろを通るように大きく回すことで、カラダにも「ひねる」が生まれる。

レベルUP⤴
・ハンマーは頭の後ろを通るように大きく振ることを意識する
・ハンマーに勢いをつけてもカラダの軸はブレない
・後ろから前に回すことでカラダをひねる感覚が身につく
・投てき後方とは反対方向に歩いていくイメージ

ハンマー投げ

ハンマーを振り下ろし徐々に加速する

ハンマーの勢いがついてもカラダの軸がブレないように

スイングしたまま、前に向かって歩いていく

ハンマーが前から後ろに行くときに左足を踏み込むと歩きやすい

PART 3 コツ32 スイングターン・ヘリコプターン
スイングとターンの動きと感覚を磨く

スイングターン

5〜15回×3〜5セット

 トレーニング1 スイングからターンへとスムーズに移行する

ハンマーを回す予備動作のスイングと、カラダを回転させるターンとをスムーズにつなぐためのトレーニング。1回のターンの間には両足期と片足期があり、基本的には両足期にハンマーが加速するので、できるだけ片足で立つ局面が短くなるようにターンを行う。

肩幅よりやや広めに開いた両足の向きはそのままに予備動作をスタート。ハンマーが自分の前に来るときは腰を落とす。スイングを2回転させたら左足を軸にカラダを回転させる。ハンマーの遠心力に負けないようにバランスをとる

CHECK POINT

スイングからターンへの移行の際、カラダの軸が乱れないように注意する。ターンでは両足をついたときにハンマーが最も低いポイントを通り、そこから加速することを覚えよう。

- スイングターンは、スイングからターンへとスムーズに移行する
- スイングターンはハンマーを持たずに行えば、ウォーミングアップになる
- ヘリコプターンは、ハンマーの回転中の感覚を養う
- ヘリコプターンは、重心を低くすることで安定感が増す

ハンマー投げ

ヘリコプターン

5～15回×3～5セット

トレーニング 2 ヘリコプターのように回し ハンマーの回転の感覚を養う

腕を脱力し、2つのハンマーをヘリコプターの翼のように回すことによって、回転中の感覚を養うトレーニング。腰を低くして重心を落とし、バランスの取れた安定した状態でハンマーを回す。正しい姿勢ができていれば、腕にはそれほど負担がかからず疲れない。

左右に伸ばした両手で1つずつハンマーを持つ。ターンと同じ左回転で回る。腕はリラックスさせ、肩の高さを左右一定に保っておく。腰を落とし重心を下げることで安定して回転できる

CHECK POINT

左右どちらかの肩が上がっていると、ハンマーが傾いてスムーズに回せない。また、腰が高いとバランスが取れずにフラフラしてしまう。重心は低ければ低いほどよい。

PART3 コツ33 片手投げ（左右）
手を常にカラダの前に持ってくる

PART 3

コツ 34

10kgハンマー投・6kgハンマー投

ハンマーの重量を変えて投げる

10〜20本程度

軽いハンマーではターンから速いスピードが出る

重いハンマーではスピードを無理に上げる必要はない

遠心力がかかってもハンマーに負けないように踏ん張る

トレーニング 1 重いと専門的な筋トレに軽いと神経系を磨ける

同じ重さで投げ続けていると、馴れが生じて練習の質を維持できなくなる。重いハンマーは専門的なウエイトトレーニングの延長で投げられ、軽いハンマーはスピードが上がるため、神経系のトレーニングになる。

CHECK POINT

ハンマーが重くなった分、カラダが大きく振られやすくなり、ターンをしづらい。重心を低くし、軸をまっすぐに保つことを意識する。スピードは無理に上げなくてよい。

| レベル UP↗ | ・重いハンマーを投げることで専門的な筋力強化を図る
・重いハンマーはカラダの軸と低い重心を意識して投げる
・軽いハンマーを投げることでスピード感覚と速い中での対応力を磨く
・目的を意識してハンマーの重量を変える | ハンマー投げ |

腰を落として重心を落とすことで軸が安定する

とくに軽いハンマーではリリースのタイミングが遅れないようにする

回転運動によって生まれたパワーをしっかりハンマーに伝える

CHECK POINT

ハンマーが軽い分、スピードが出る。スピードが速い中でもリズムを重視し、その中で1つ1つの動きに対応していくようにする。本来の重さでは出せないスピード感を得られる。

+1 プラスワンアドバイス

試合で使用するハンマーは、一般男子は7.26kg、高校生男子は6kg、女子は高校生以上はすべて4kg。練習ではこれらをうまく使い分けると効果的だ。

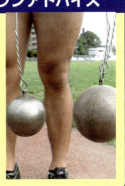

PART 3 コツ35 2回転投・スイングなしターン

スイングやターンを減らして投げる

2回転投

10〜20本程度

トレーニング1 スムーズな2回転投げが本来の投げにつながる

3回転投げや4回転投げにつなげる動きを習得する。強引な投げにならないように、基本に忠実な投げを目指すこと。ターンをせずに投げるスイング投げや1回転投げよりもスピード感のある投げになる。スピード感覚や素早い足さばきも身につけることができる。

投てき方向に背中を向け、なるべく上下動をしないようにスイングする。スイングの勢いをうまく1回目のターンにつなげる。1回転目よりスピードに乗って2回目のターンを行う。左ヒザで回転をブロックし、ハンマーを振り切る

CHECK POINT

2回転投げは4回転投げの基準になる。2回転投げの記録プラス10mがだいたい4回転投げの記録だ。つまり60m投げたければ、2回転投げで50mは投げておく必要がある。

- 2回転投げの成功が3回転投げや4回転投げの成功につながる
- 2回転投げはスピード感覚や素早い足さばきも身につけられる
- スイングなしターンは、意識を下半身に置き、腰をしっかり振る
- スイングなしターンでは、ハンマーを強引に引っ張ってカラダを先行させない

ハンマー投げ

スイングなし

10～20本程度

トレーニング2 下半身を使って腰を振りスイングせずにターンに入る

　スイングをせずにターンに入るが、必然的にスピードが出せないため、ワイヤー部分に張りができずに回るのが難しい。そこで重要なのが、腰をしっかり振ること。ハンマーに勢いを出すため、意識を下半身に置き、腰を振る感覚を養うことを目的としたトレーニングだ。

スイングをせずにターンを始める。下半身主導で動き、腰を振るようにしてハンマーに勢いを与える。両腕は常にまっすぐ前に伸ばして回転を続ける。遠心力がかかってもハンマーに負けないようにする

CHECK POINT

　早く回転しようと、ハンマーを強引に引っ張るようにカラダを先行させると、逆に力を与えられない。ハンマーを握った両手は常にカラダの前に置き、うまく遠心力を引き出そう。

PART3 コツ36 ケトル投
ケトルで振り切りのタイミングを覚える

10〜20本程度

砲丸投げのピットなどで投てき方向に背を向けて立つ

重りに取っ手のついたケトルを両手で持ち、左右に振る

徐々に振り幅を大きくし、勢いをつけていく

 トレーニング1　ヘッドが手元にあるケトルで振り切り動作をマスターする

　ハンマーをリリースする局面の振り切り動作のトレーニング。振り切りのタイミングを覚えられる上、重いケトルを使うことでパワーアップも図れる。ケトルはハンマーと違ってヘッドが手元にあるので、自分のカラダが回るスピードが上がり、敏捷性を高められる。

CHECK POINT

　ここでは回転をせずに投げるやり方を紹介したが、1回転ターンしてから投げる方法もある。その際はカラダの軸がブレないように意識し、両脚をしっかり使った投げを心がける。

PART 3 コツ37 鉄球投（前後横）
重い鉄球で投げる力をつける

前

10～20本程度

トレーニング1 重さのある鉄球を遠くに投げシンプルに飛ばす力をつける

　砲丸などの鉄球を投げることで、物を遠くに飛ばす力をつけるトレーニング。腕だけ・脚だけではなく、全身を使って大きく投げる。練習のための練習にならないように、ここでは動きよりも遠くに投げる意識を持とう。仲間同士で飛距離を競い合うのもおもしろい。

両手で前方に投げる。腸腰筋を使って前に投げ出す意識をする。尻や背中の筋肉で投げる方向へ一気に伸び上がる。

CHECK POINT

上半身に力が入っていると、背中やお尻で生み出したパワーが効果的に鉄球に伝わらない。上半身や腕はリラックスしておく。背中を丸めすぎると腰を痛めやすいので注意すること。

- 重い鉄球で飛ばす力を身につける
- 多方向(前後横)から鉄球を投げて筋力アップをはかる
- 下半身で溜めたパワーを肩や腕に連動させる
- 投てきフォームに近いサイドスローで鉄球を投げる

ハンマー投げ

10〜20本程度

 下半身で溜めたパワーを肩から腕へと連動させる

フロント投げは他の種目でも行われるが、バック投げはハンマー投げの動きにやや近くなるトレーニング。フロント投げと同様、腕の力だけで投げようとしない。下半身で溜めたパワーを腰から肩、腕へと連動させることで鉄球は遠くに飛ぶ。飛距離を意識することが大事。

両手で後方に投げる。腸腰筋を使って後ろに投げ出すためには、骨盤を前に出し体が反るように意識をする。

+1 プラスワンアドバイス

サイドスローでの鉄球投は、ハンマー投げのリリースに近い。上体を十分にひねり、その反動を利用して鉄球を投げる。投げる角度は42〜44度が理想。フィニッシュは全身が伸び上がるように。

PART 3

コツ 38 ツイスト

シャフトを利用して筋力アップを図る

5〜15回×3〜5セット

 トレーニング 1　シャフトを腰の高さで持ち上体をひねって筋力アップ

20kg前後のシャフトを腰ぐらいの高さで持ち、上体をひねることで振り切りの際に使う筋力を高めるのが目的。両足の位置は動かさず、ひねったときに外側の脚でしっかりブロックするのがポイントだ。重心を低くして行うことで、カラダがブレずに安定感が出る。

両足を肩幅よりやや広めに開いて立ち、シャフトを腰ぐらいの高さで持つ。ヒザを少し曲げ、重心を少し低めに保ってシャフトを左右に振る。腰を先行させて回転させ、あとからシャフトがついてくる。外側の脚で回転をブロックすることでパワーを生む

CHECK POINT

左右に大きくひねり、シャフトを動かす距離を長くする。これにより普通にハンマーを投げるとき以上に筋肉に刺激が入る。慣れてきたら徐々にひねるスピードを上げてみよう。

PART4
やり投げトレーニング

PART4 コツ39　やり投げのフォーム
助走のスピードと肩の強さを生かす

助走のスピードをリリースの局面に集約する

　やり投げは細長い形状のやりを片手で投げる種目。他の投てき種目がおもに回転動作を伴うのに対し、野球の遠投のように腕の振りを使って投じる。長い助走路を走ってから投げるため、肩の強さやスピード、跳躍力がある選手はやり投げの特性があると言えるだろう。

　やや大股で走って加速し、助走路の中ほどあたりからやりを後方に引いて、投てき方向に対して上半身を半身にするクロスステップに入る。リリースは地面からの反発と、ひねった上体を戻すことで生まれる力を肩から腕に伝え、腕をしならせるようにして投げる。

レベルUP↗

・助走のスピードをリリースの局面に集約する
・モモを高く上げてクロスステップで助走をスピードに乗せる
・リリースはできるだけ高い位置で行う
・腕をムチのようにしならせて時計回りのジャイロ回転をかける

やり投げ

CHECK POINT

モモを高く上げて大股で走る助走でスピードに乗ったら、クロスステップへ。下半身は前を向けたまま、やりを振りかぶるように後方に引いて上半身をひねる。このクロスステップでいかにスピードを保てるかが重要だ。

CHECK POINT

リリースはできるだけ高い位置で行うことが理想。振りかぶりの局面でヒジを下げたところから、腕をムチのようにしならせて、時計回りのジャイロ回転をかけて投げる。34〜36度の投てき角度が理想とされている。

PART4 コツ40 やり投げで取り組むトレーニング
助走から投げ動作を分割して身につける

技術と基礎体力を両立しながら向上させる

　やり投げは、技術的にはクロスステップを含めた助走と、パワーポジションからリリース、フォロースルーまでを含めた投げの局面がある。それら1つ1つの動きを分習法的な視点で習得しつつ、最終的には一連の流れとしてつなげられるようにしていきたい。

　それとともに筋力トレーニングも行い、基礎体力を上げていく必要もある。**腹筋を中心とした体幹、肩まわりや腕の筋力をしっかり鍛えることで、高いパフォーマンスを発揮できるようになる**。それぞれの練習の目的を正しく理解した上で取り組む意識を持とう。

やり投げ

POINT ❶ 下半身で溜めたパワーを上半身に伝える

やりを遠くに飛ばすためには、下半身で溜めたパワーを効率よく上半身に伝えることが大切。そのためには股関節を中心とする体幹、さらに肩甲骨や肩まわりの上半身の筋力が求められる。全身をバランスよく筋力アップすることが必要だ。

POINT ❷ 鉄棒や平行棒を使い筋力や柔軟性を高める

肩まわりや腕の筋力アップに加え、肩甲骨周辺の柔軟性を高めるなど、ストレッチ効果も期待できるのが鉄棒や平行棒を使ったトレーニング。負荷や方法を変えれば、体幹強化やバランス力向上にもつながり、メリットが多い。

POINT ❸ 助走スピードをあげて理想的なリリースに近づける

助走で使う「クロスステップ」は、投てきの良し悪しを左右する大事な要素。正しいフォームを維持しつつ、スピードを上げていくためには、やり以外の負荷(砲丸など)を持ったり、マーカー走を取り入れたトレーニングが効果的だ。

+1 プラスワンアドバイス

肩甲骨を稼働した投てきフォームづくり

やり投げのフォームでは、ステップした足を投てき方向に踏み込み、下半身が溜め込んだパワーを上半身に伝えていくことが大事。特にトップからリリースへの過程では、肩甲骨をしっかり稼働させることを意識する。

PART 4

コツ 41

腹筋&背筋・プレート体幹

投げ動作の際に重要な筋力を高める

腹筋&背筋

4kg20回×3〜5セット

 トレーニング 1　ボールを両足に挟んだまま投げられたボールを投げ返す

　ボールを挟んだ両ヒザの高さを保ったまま、投げられたボールをキャッチし投げ返すことで、実際の投げに近い形で腹筋を鍛えるトレーニング。とくに腸腰筋周辺が刺激され、腕だけに頼らない、下半身から連動する投げ方が可能になる。1回ずつ丁寧に行うこと。

地面に仰向けになり、両足はボールを挟んで浮かせ、上体も起こす。足元に立ったパートナーが頭の先目がけてボールを投げ落とす。上体を倒しながら腕を伸ばして頭の上でボールをキャッチする。上体を起こしながらボールを投げ返す。

CHECK POINT

　ボールをキャッチする際、顔の前から頭上で受ける。できるだけ頭の上でキャッチすることで腹筋がより刺激される。両足に挟んでいるボールの高さも下がらないように注意しよう。

- 腹筋&背筋は、ボールを両足に挟んだまま投げられたボールを投げ返す
- ボールは、顔の前から頭の上の間でキャッチする
- プレート体幹は、上体を左右に倒して体幹の連動性を高める
- プレート体幹は、両脚を開くことで安定性と股関節の柔軟性が増す

やり投げ

プレート体幹

20回×3〜5セット

トレーニング② プレートを使用して体幹の連動性を高める

　ある程度の重さのプレートを両手で持ち、左右にゆっくり傾けて背筋や腹斜筋など体幹まわりの筋肉を鍛える。背筋は姿勢を維持する大事な筋肉。腹斜筋は投てき動作で左右異なる働きをするが、まんべんなく鍛えておくことでケガを防止することができる。

椅子などに浅めに座り、プレートを両手で頭の後ろで持つ。下半身はそのままで上体だけ左側に倒す。ゆっくりと元の体勢に戻る。次に下半身はそのままで上体だけ右側に倒す。上体が前かがみにならないように注意する

CHECK POINT

　脚を左右に開くことで、地面をしっかり捉えられ、バランス面での安定性が増す。股関節の柔軟性も高まり、助走や投げる際の動きにも大きな効果を得られる。

PART 4

コツ **42** 鉄棒（前後・回転）

鉄棒でカラダのしなりや柔軟性を養う

前後
10回×3〜5セット

両手の幅は肩幅よりやや広く。リラックスして鉄棒を握る

両脚を前後に振るようにしてカラダを前後に揺らす

胸を突き出すようにして両肩をヒジより前に持っていく

 トレーニング① **両脚の振りの反動を生かしカラダにしなりを作り出す**

　肩を入れることで、投げの最後の局面でカラダにしなりを作るのが目的。両脚を前に振った反動を利用し、胸を突き出すようなイメージで両肩をヒジより前に持っていく。やり投げはカラダ全体で投げるのが重要。腕だけで投げようとすると、肩やヒジの故障の原因になる。

CHECK POINT

両肩の幅よりやや広く鉄棒を握り、脚を振った反動から両肩をできるだけ前に突き出す。ここでできるだけカラダをしならせることが、やりを投じる局面での大きなパワーになる。

レベルUP↗
- 前後の振りは、両脚の振りの反動を生かしてカラダにしなりを作り出す
- 胸を突き出すようなイメージで両肩をヒジより前に持っていく
- グルグルまわることで、関節を含めた肩周りを柔らかくする
- 両手を近づけることで1軸になり、スムーズに回る

やり投げ

回転
10回×3〜5セット

両手をなるべく近づけて、リラックスして鉄棒を握る

下半身主導で体幹をグルグル回す

肩まわりの柔軟性が増し、肩関節の可動域が広がる

トレーニング② 1軸でグルグル回って肩関節の可動域を広げる

やり投げでは、肩関節の可動域の広さが不可欠。鉄棒にぶら下がった姿勢から全身をグルグル回すことで、関節を含めた肩周りを柔らかくすることが目的だ。動き方がやや難しいため、最初はゆっくりやってみよう。激しく回ることができれば、腕の力を鍛えることもできる。

CHECK POINT

鉄棒は、両手をなるべく近づけて握るのが望ましい。両手が離れていると軸が2つになって回転がしにくくなる。両手をつけることで1軸になり、スムーズに回りやすいはずだ。

89

PART4
コツ43 鉄棒（脚のクロス上・脚のクロス下）

脚の動きを加えスムーズな動作に生かす

クロス上
10回×3〜5セット

両手の幅は肩幅よりやや広く。
全身をリラックスさせて鉄棒を握る

右脚を振り上げて左手のあたりまで
持っていく

クロス下
10回×3〜5セット

両手の幅は肩幅より広く。
全身をリラックスさせて鉄棒を握る

腹筋に力を入れて両ヒザを浮かせ、
下半身を右側にひねる

レベルUP
・脚のクロス上は、脚を含めてさらにダイナミックなしなりを作る
・脚のクロス上は、しっかりと脚を上げることで腹筋強化も兼ねている
・脚のクロス下は、クロス走で脚を運べるように腰をスムーズに動かす
・脚のクロス下は、股関節を柔らかくすることで助走からリリースに生かす

やり投げ

最初の体勢に戻り、戻した反動を次の動きに利用する

左脚を振り上げで右手のあたりまで持っていく

十分にひねったら両ヒザを浮かせたまま体勢に戻す

戻ったら下半身を左側にひねる

PART 4

コツ 44 平行棒（片手・両手・前後・肩）

平行棒で腕や肩まわりの筋力を鍛える

片手前後
10回×3〜5セット

平行棒に両腕を伸ばしてカラダを支える

左右交互に手を前に動かしてカラダを前に運ぶ

上腕三頭筋など腕の前部の筋肉を使うように意識する

トレーニング ①　リラックスした状態から腕まわりの筋力を高める

　平行棒に腕を立ててカラダを支え、手を左右交互に前に動かしてカラダを前に運ぶ。純粋に腕の筋力アップを図るのが狙い。肩を上げると、肩や首に近い僧帽筋が刺激されてしまうため、リラックスした状態から上腕二頭筋など腕の前部の筋肉を使うように意識する。

CHECK POINT

　前に進むやり方に慣れたら、前から後ろに戻る動きにも挑戦しよう。カラダの使い方や意識するポイントが変わり、難易度が高くなるが、より効果的に腕のパワーアップを図れる。

92

レベルUP
・平行棒では、リラックスした状態から腕まわりの筋力を高める
・左右交互の前進運動では、腕の前部の筋肉を使うように意識する
・左右同時の前進運動では、両脚の曲げ伸ばしの反動を利用する
・慣れてきたら前進だけでなく、同じように後ろにも移動してみる

やり投げ

両手同時
10回×3〜5セット

平行棒に両腕を伸ばしてカラダを支える

両手を同時に動かしてカラダを前に運ぶ

両脚をそろえたまま曲げ伸ばしし、その反動を利用する

トレーニング②　両ヒザの曲げ伸ばしを利用し両手同時に前に進む

トレーニング①では、手を左右交互に動かしたが、ここでは両手を同時に同じタイミングで前に動かす。腕の力だけでなく、両脚をそろえたまま曲げ伸ばしし、その反動を利用して前に進むのがポイントだ。慣れてきたら後ろ向きに進むやり方にも挑戦しよう。

CHECK POINT

大事なのは脚の動きとのタイミング。両脚を曲げ、勢いよく伸ばすと同時に両手を前に移動させる。ここでは意識せずとも腹筋が刺激されているはずだ。

前後

10回×3〜5セット

平行棒で両脚をそろえて前に伸ばし、両腕でカラダを支えた体勢からスタート。両脚を後方に大きく振ってカラダを地面と平行に近づける。両脚を前方に大きく振って最初の体勢に戻る

肩

10回×3〜5セット

腕を曲げ、両方のひじを棒に乗せてカラダを支える。ひじを上下させるようにしてカラダを上下させる

トレーニング③ より高い負荷をかけて腕や肩まわりの筋力を上げる

　振り子のように脚をそろえたまま前後に大きく振ることで、二の腕と腹直筋・広背筋が鍛えられる。前後とも伸ばした両脚が地面と平行になる角度まで上げられるのが理想だ。
　両脇に挟んで上体を上下させる運動は、肩関節の強化が目的。やり投げに不可欠な基礎筋力を高められる。

PART4 タイヤたたき
コツ45

タイヤたたきで正しい振り切りを覚える

10回×3～5セット

レベルUP↗

- 最も力が入るポジションでバットでタイヤを叩く
- 叩くものはバット以外でも構わないが、重さはやりに近いのが望ましい
- バットを振りながら重心を右脚から左脚への移動させる
- 振り切った後はカラダが流れないように意識する

股関節を中心に腕だけを振り回さないように、肩甲骨と上腕骨の動きに気をつけて、できるだけタイヤの上をたたく。投げでは構え時に右脚1本にある体重が、投げ終わった後には左脚1本に移るようになる。当てる位置は頂点より少し手前。

トレーニング① 最も力が入るポジションでバットでタイヤを叩く

　バットをカラダの前のパワーポジションで正しく振り切るのが目的。振り切った後はカラダが流れないように意識しよう。カラダが流れると、力がタイヤにうまく伝わらない。叩くものはバット以外でも構わないが、重すぎると肩を痛める危険があるので注意する。

95

PART4
コツ46 重りクロス走・マーカー走（クロス）

道具を使ってクロス走をマスターする

重りクロス走
30m×3〜10セット

トレーニング① 重りで負荷をかけた中で力強くクロス走を行う

　重りをつけたチューブを腰に巻き、負荷をかけた中でクロス走を行う。重りを使用するのは、重心を低く保つことを意識しやすくするため。やりを後方に引くとやや後傾姿勢になり、ブレーキがかかるが、できるだけスピードを落とさないように脚を力強く蹴って前に進む。

CHECK POINT

　重りがあることで上体が前傾してしまうのはNG。上体は起こしたまま、脚を蹴って助走を行う。フォームやスピードなど、重りがないときと同じような助走ができるのが理想だ。

96

- 重りクロス走は、重りで負荷をかけた中で力強くクロス走を行う
- 重りクロス走は、できるだけ重りがないときと同じ助走をする
- マーカー走は、マーカーを使用しステップの刻み方を習得する
- マーカー走は、上に跳ぶのではなく、低くスピーディに跳んでいく

やり投げ

マーカー走

30m×3〜10セット

 トレーニング2 マーカーを使用しステップの刻み方を習得する

クロス走の際のステップの練習では、マーカーを使うことによって強いアクセントで入ることができる。マーカーを置く幅や左右どちら側を意識するかは、自分のステップのタイプによる。マーカーを超えるというより、しっかり刻んで重心を移動させていくイメージだ。

投てき方向に向かって助走を開始する。クロスステップの局面から地面に置いたマーカーを踏まないように進む。どちら側の足を意識するかはステップのタイプによる。しっかり刻んでスピーディに重心を移動していく

CHECK POINT

マーカーを越そうとして上に跳んでしまってはいけない。クロス走で重要なのは、前に前に進むこと。できるだけ跳ねないように刻むことがスムーズな体重移動につながる。

PART 4 コツ47 砲丸保持助走

やりを楽に保持してリリースを迎える

30m×3〜10セット

腕を伸ばして砲丸を保持しながら、前方に助走していく

上体を右側にひねってクロスステップの局面へ

トレーニング① やりより重い砲丸を持ち上体を維持して助走を行う

やり投げでは、助走の時点からやりを頭近くの高い位置に保持したまま、投げ動作に入らなければいけない。ここではやりより重い砲丸を持ってクロス走を行い、できるだけ楽に重いものを持ちながら上体を維持し、走る感覚と腕の筋力を養う。本来のやりで行ってもよい。

CHECK POINT

左腕も上げておくと、上体が安定し、バランスを保ちやすい。マーカー走で行ったように、低くステップを刻み、できるだけスピードを落とさないようにリリースの局面を迎える。

レベルUP
- やりより重い砲丸を持ってクロス走を行う
- できるだけ楽に重いものを持ちながら走る感覚と腕の筋力を養う
- 左腕を上げておくと、上体が安定し、バランスを保ちやすい
- 余裕があれば、クロス走に入る前の局面から砲丸を持って走り出す

やり投げ

カラダの軸がブレないように腹筋まわりに力を入れる

ある程度走ってからリリースの局面を迎える
※リリースはしない

CHECK POINT

ここではとくにクロス走の局面だけを取り出しているが、余裕があれば、クロス走に入る前の局面から砲丸を持って走り出し、スムーズにクロス走に移行できるか試してみよう。

プラスワンアドバイス

やりの重さは、男子が800gで、女子が600g。練習で使う砲丸は、高校生男子用の6kg、女子用の4kg、中学女子用の2.721kgあたりが効果的。

PART 4

コツ 48 ダイナマックス壁あて

肩甲骨を可動させてボールを押し込む

10回×3〜5セット

両足を肩幅程度に開き、ボール（ダイナマックス）を頭上まっすぐあげる。

両手に持ったボールを壁に押し当て、跳ね返りをキャッチする。

 トレーニング① 足を動かさず肩甲骨の動きを意識する

やり投げのフォームでは、肩をスムーズに動かすために肩甲骨の可動がポイントになる。このトレーニングで腕を動かす際は、肩甲骨の開閉を意識することが大切だ。あえて足を動かさず、肩甲骨に意識を集中して動作する。ボールの重さは3〜4kgを目安に行う。

CHECK POINT

壁に向かって立つときはややヒザを曲げ、骨盤を立て背筋をまっすぐ立つ。そうすることで肩甲骨の動きもスムーズになり、トレーニングの効果もアップする。

レベルUP
・トレーニング①では足を動かさず肩甲骨の動きを意識する
・肩甲骨を寄せてバックスイングに入る
・トレーニング②では足を踏み込みパワーポジションをつくる
・全身の力を使ってボールを押し込む

やり投げ

トレーニング② 足を踏み込みパワーポジションをつくる

トレーニング②では、より投てきにフォームに近づけて動作する。リリースとなる位置に左足を踏み込みスタート。「パワーポジション」に全身の力を使ってボールを押し込む。一連の動作で肩甲骨の動きを意識することで、しなやかで力強い投てきが可能になる。

10回×3〜5セット

トレーニング①から大股で一歩下がり、左足を踏み込む。肩甲骨を寄せた状態でバックスイングし、頭の上にあるボールを前面の壁に押し当てる。跳ね返りをキャッチして、再び投てきの動作をつくる。

PART 4

コツ 49 膝立ちメディシンスロー

脚を使わずに上半身のしなりを作る

`10回×3～5セット`

ヒザ立ちになり、頭上で両手でメディシンボールを持つ

上体をできるだけ反らせて、大きなしなりを作る

 トレーニング①　ヒザ立ちになって上体を反らせてから投げる

しっかり上体を反って、その反動を利用してボールを投げる腹筋強化のためのトレーニング。立って投げると、運動連鎖でどうしても下半身から力をもらってしまうため、ヒザ立ちになってあえて脚を使えない状態を作って行う。大きなしなりを意識して投げてみよう。

CHECK POINT

最も遠くへ投てきできるリリースポイントを見つけ出すトレーニングでもある。上方向や水平方向を意識するなど、投げる角度を変えながら最適なポイントを探していく

- ヒザ立ちになって上体を反らせてから投げる
- 投げる角度を変えながら最も遠くに投げられるポイントを見つけ出す
- 腕だけの投げにならないように上体を柔らかく使ってしなりを作る
- ボールはできるだけ遠くに投げ、毎回記録をつけておくとよい

やり投げ

反らせた反動を利用し、頭の上からボールを前に投げる

フォロースルーもしっかり。できるだけ遠くに投げる

CHECK POINT

脚を使えない体勢で投げてはいるが、腕だけの投げにならないように注意すること。上体を柔らかく使って後方に大きく反らせることで、しなりを生かした投げが可能になる

CHECK POINT

カラダのしなりを生かし、ボールはできるだけ遠くに投げることを心がける。毎回記録をつけておくといいだろう。調子が良いとき、悪いときと比較がしやすくなるからだ。

PART 4
コツ 50 肩入れ

やりを壁に押しつけ肩入れ動作を覚える

10回×3〜5セット

- しっかり力が入る高さでやりを壁に押しつける
- 胸を張るようにすると力が入りやすい
- 右脚から左脚に重心を移していく局面をイメージする
- 本来の投げではこの直後にリリースとなる

やりの後方を握り、先端を壁に押し当てる。左足を踏み出して投げ動作の体勢に入る。重心を右脚から左脚に移しながら、やりを持つ位置を前に移動させていく。パワーポジションで力を入れた状態で止まる

 やりを壁に押しつけて力が入った状態で止まる

　やりを壁に押しつけ、投げの動作を進めながらパワーポジションで力を入れたまま止まる。その局面が「肩が入った」状態になる。腰が左に流れてしまわないように注意し、胸を張るようなイメージでやりを前に押していく。本来の投げではこの直後にリリースとなる。

コンディショニング

PART4 コツ+α コンディショニング
体調を整えて質の高い練習を継続する

コンディションの良し悪しが記録につながる

　記録を伸ばすことはもちろん、質の高い練習を継続するためにはコンディショニングが大事。つまり心身の調子を整えることがポイントになる。カギを握るのが運動、栄養、休養という3つの要素のバランスをうまく保つことだ。どれか一つでも欠けてしまえば、コンディショニングは成り立たない。

　まずは**コンディショニングへの正しい基礎知識と方法を覚え、それを長期に渡って継続して実践すること**。また、自分に適した調整方法をマスターするために、日々のコンディショニングをノートにつけてチェックすることも大切だ。

POINT 1 練習・試合前後はストレッチでケアする

練習や試合を行う前後には、ストレッチをして筋肉を伸ばす。柔軟性を高められるためケガの予防に効果的。血行が促進されるため疲労除去も速めることができる。効いていると感じるところで10～20秒キープして伸ばす。

POINT 2 質の良い食事が高いパフォーマンスにつながる

食事による栄養補給は、コンディショニングの中でも特に重要度が高い項目だ。基本は、「朝昼夕の3食を毎回しっかり摂る」「5大栄養素が揃うメニューにする」こと。さらに運動前・中・後の補給食（間食）や水分補給もパフォーマンスに影響する。

POINT 3 練習・試合内容をノートに記録して管理する

毎日の練習内容や感想、試合での反省を記録して書き込むことで、自分の考え方や競技に取り組む姿勢をまとめることができる。また中長期的な目標や練習計画、短期的な練習メニューや成果など詳しく書き込むことで実用性が増す。

+1 プラスワンアドバイス

メンタルを維持して普段の力を発揮する

本番で実力を発揮できない選手は、メンタルを平静に保つ方法を見つけておくと良い。投てき前にルーティンを導入したり、軽いストレッチとともに瞑想や深呼吸を取り入れるなど様々な方法がある。

ストレッチ❶ モモの表側を伸ばす

両脚を揃えて座り、一方の脚をふくらはぎとモモを重ねるようにして曲げる。両手を後方について重心を後ろにかけると、主にモモ表側の筋肉をストレッチできる。

ストレッチ❷ 臀部の筋肉を伸ばす

片ヒザをついた姿勢をとり、逆脚を後方に伸ばし上半身を前傾させ両手を前につくと、主に臀部をストレッチできる。ヒザをついている足は内側に入れ込むように曲げることがポイント。

ストレッチ❸ 体の側部を伸ばす

体をまっすぐ伸ばして仰向けになり、両腕を揃えて頭の方向に伸ばし、体をまっすぐに。ペアに上から上半身の側部、腕の付け根のあたりを押してもらう。

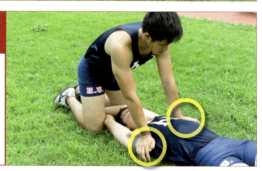

ストレッチ❹ 脚部を伸ばす

両脚を開いて座り、ヒザをまっすぐ伸ばす。その姿勢からペアに後ろから、「前」「左右」に押してもらいストレッチする。

ストレッチ❺ 肩甲骨を伸ばす

直立の姿勢で両腕を後方に伸ばし、手のひらは内側に向ける。後方に立つペアがその手の甲を持ち、内側に力をかける。

ストレッチ ❻ ペアで体側を伸ばす

両手を握った2人が横並びに立ち、上半身をそれぞれの方向に倒す。その姿勢から、互いに自分の方向に引っ張り合う。これにより体側の筋肉をストレッチ。

ストレッチ ❼ 仰向けの姿勢で腰を伸ばす

仰向けに横になって両腕を左右に伸ばし、腰をまわして左脚を外側に倒す。ペアはその上から肩と脚の付け根に体重をかける。

ストレッチ ❽ 肩甲骨の内側をほぐす

自然体で立って肩甲骨を寄せる。ペアは肩甲骨の内側部分に親指を押し当て、軽くマッサージする。そうすることで肩甲骨がスムーズに動きやすくなる。

ストレッチ ❾ 臀部の筋肉を伸ばす

仰向けの姿勢でヒザを持ちあげる。そのヒザをペアが上から持ち、体の方向へ体重をかける。これにより主に臀部の筋肉をストレッチすることができる。

ストレッチ ❿ 体を倒して股関節を伸ばす

足を前後に開いて後ろ脚のヒザはつき、前脚はヒザを立てつま先を外に向ける。その体勢から体を前に倒して両ヒジをつき、股関節まわりをストレッチする。

監修者プロフィール

小山 裕三

1956年生まれ、千葉県出身。現役時代は昭和53年と54年の日本選手権で優勝するなど、砲丸投げの日本トップ選手として活躍。引退後は指導者として室伏広治、野口安忠、村上幸史、畑瀬聡らを指導し、現在は日本大学陸上競技部監督として、各競技に優秀な選手を輩出している。また2001年から解説者としても活動しており、アテネオリンピック、ロンドンオリンピックなどの投擲種目を担当。元日本陸上競技連盟投擲部長、日本学生陸上競技連合強化委員会委員。

砲丸

鈴木愛勇

武田歴次

幸田和記

川口哲生

秋場康太

円盤投げ

監修協力　宮内育大

安部宏駿

鈴木佑弥

畑知博

ハンマー投げ

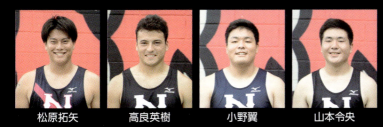

松原拓矢　高良英樹　小野翼　山本令央

やり投げ

小椋健司　相原大聖　北口榛花　長野航大

○制作スタッフ

執筆　　　小野哲史
デザイン　居山勝
カメラ　　上重泰秀
編集　　　株式会社ギグ

日大式で差がつく！陸上競技 投てき種目トレーニング
～砲丸投げ・やり投げ・円盤投げ・ハンマー投げ～

2017年9月30日　第1版・第1刷発行

監修者　小山　裕三（こやま　ゆうぞう）
発行者　メイツ出版株式会社
　　　　代表 三渡　治
　　　　〒102-0093 東京都千代田区平河町一丁目1-8
　　　　TEL：03-5276-3050（編集・営業）
　　　　　　　03-5276-3052（注文専用）
　　　　FAX：03-5276-3105
印　刷　株式会社 厚徳社

●本書の一部、あるいは全部を無断でコピーすることは、法律で認められた場合を除き、著作権の侵害となりますので禁止します。
●定価はカバーに表示してあります。
Ⓒギグ, 2017. ISBN978-4-7804-1900-9 C2075 Printed in Japan.

メイツ出版ホームページアドレス http://www.mates-publishing.co.jp/
編集長：折居かおる　企画担当：堀明研斗